Christof Arnold

KEINE PANIK!

16 Trips zu mehr innerer Ruhe
und Ausgeglichenheit

AF216533

Zum Autor

Christof Arnold (Künstlername: Trio Chrio) ist Heilpraktiker/ Psychotherapie, Coach und Autor und lebt in Essen und Köln, wo er als Aktionskünstler und Gute-Laune-(B)Engel die Menschen zum Lachen und zur Freude animiert. www.miracura.de

Weitere Veröffentlichungen

Danke! – Ein Übungsbuch zum Ausfüllen
ISBN: 9783752833515, Books on Demand, 2018

Kopfsache – Hinderliche Denkmuster bewusst machen und verändern, ISBN: 9783748141112, Books on Demand, 2018

Herstellung und Verlag: BoD – Books on Demand, Norderstedt
Lektorat: Ina Balfanz, Andreas Grunau
Buch- und Coverlayout: Andreas Grunau
www.laudatio-verlag.de
Cover- und Buchillustrationen: Dietmar Dupree, http://picdeer.com/dietmar_dupree
Graphics, Fotos fotolia.com by vecteezy.com, getdrawings.com, freepik.com
ISBN 9783748145073
www.bod.de

Christof Arnold

KEINE PANIK!

16 Trips
zu mehr innerer Ruhe
und Ausgeglichenheit

BoD™
BOOKS on DEMAND

S. 15 ← Dankbarkeit **01**

S. 85 ← Afformationen **16**

S. 79 ← Astralreisen **15**

S. 73 ← Global Handeln **14**

S. 65 ← Selbstliebe **13**

S. 57 ← Achtsamkeit **12**

S. 53 ← Meditation **11**

S. 47 ← Partnerschaft **10**

02 Selbstbefriedigung ✈ S. 19

03 Berührung ✈ S. 21

04 Lachen/Lachyoga ✈ S. 25

05 Bewegung/Hobbys ✈ S. 27

06 Nahtoderfahrung ✈ S. 33

07 Beten/Glaube ✈ S. 35

08 Wünsche überprüfen ✈ S. 41

09 Vergebung ✈ S. 43

„Es wäre gut, wenn jeder Mensch
erst einmal innerlich für Frieden
sorgt, bevor er/sie mit anderen
Menschen in Kontakt tritt."

EINSTEIGEN, BITTE!

Suchst du inneren Frieden und/oder hast du Sehnsucht nach einem friedlichen Miteinander?

Was immer dich bewogen hat, dieses Büchlein in die Hand zu nehmen, so hoffe ich, dir hier ein paar Antworten und Wege (Trips) zu mehr Frieden aufzeigen zu können. Natürlich sind das nicht alle möglichen Trips, und es kommt auch auf dich an, inwieweit eine dieser Alternativen zu dir passt bzw. dich anspricht und so weit inspiriert, den Weg auch tatsächlich zu gehen.

Du findest in diesem Ratgeber Kurztrips und etwas länger dauernde Reisen. Klar, ein Kurztrip verheißt gleichzeitig auch eine schnellere Veränderung.

Doch Achtung, häufig heißt das schnellere Ans-Ziel-Kommen auch ein schnelleres Verflüchtigen des friedlichen Zustandes, und deshalb könnte es doch auch gut sein, sich einmal die etwas länger dauernden Möglichkeiten anzuschauen und auszuprobieren. Außerdem kann es dir ja bei einem bestimmten Trip viel besser gelingen, in deinen inneren Frieden zu kommen und ihn auch zu halten. Wie man so schön sagt: „Der Weg ist das Ziel!"

Gut wäre es auch, eine offene Haltung anzunehmen und neue Gedankengänge so neutral wie möglich aufzunehmen und diese mehrmals auszuprobieren. Dies geht zumeist besser, wenn man es nicht nur alleine macht, sondern dies vielleicht mit mehreren gemeinsam macht.

Ich muss diejenigen vorwarnen, die mich und meinen Schreibstil noch nicht kennen, denn ich versuche auch sehr ernste Themen durch meine Art des Humors (die nicht jedem gefällt) etwas leichter genießbar zu machen. Dieses Buch ist aus meiner Sicht eine Ergänzung meiner anderen beiden Bücher, jedoch brauchst du diese nicht zu lesen, um von diesem Büchlein zu profitieren. Um dir beim Lesen näher zu sein, verwende ich das Du als Anrede.

Der Titel verspricht auch äußeren Frieden, der genauso von verschiedensten Faktoren abhängt, so wie ich ebenfalls keine Garantie übernehmen kann, dass du zu deinem inneren Frieden gelangst. Wie war das noch mit dem Sprichwort: „Es kann der Liebste nicht in Frieden leben, wenn es dem bösen Nachbarn nicht gefällt!" Jedoch könnte es sich für dich sehr lohnen, vielleicht profitierst du sogar am meisten, wenn du ungeachtet der äußeren Umstände einen Weg zu mehr Frieden gehst.

Häufig entsteht ja Unfrieden, weil wir glauben, im Recht zu sein. Doch was, wenn es doch nicht so ist, und der andere hat recht, oder keiner von uns beiden hat recht, weil wir beide von falschen Voraussetzungen ausgehen? Wenn es zu einem Konflikt mit einem anderen kommt, weil er/sie anderer Meinung ist als ich, erinnere ich mich gerne an den Satz „Jeder hat aus seiner Sicht gesehen recht" und kann mich zurücknehmen und nicht auf meiner Version beharren. Vielleicht ist dies auch eine weitere gute Möglichkeit für dich, an dieses Buch heranzugehen. Bleib offen für neue Blickwinkel und Aussagen. Komm so weit wie möglich ins Fühlen, wenn du meine Tipps für dich ausprobierst.

Viel Freude beim Lesen und hoffentlich mehr inneren Frieden danach.

Trio Chrio

Innerer und äußerer Frieden kommen als Wunsch bei den meisten Menschen genauso vor wie die Sehnsucht nach wahrem Glück. Meist wissen wir jedoch nicht, wie wir diesen Frieden erlangen können. Viele von uns denken: „Wenn ich glücklich bin, bin ich auch zufrieden und umgekehrt." Deshalb probieren, angeregt durch entsprechende Werbung, viele den Weg, durch das Anhäufen materieller Güter, durch das Glücksgefühl beim Einkaufen oder durch ein besonderes Erlebnis glücklicher und damit auch zufriedener zu werden.

Meist vergehen das damit erkaufte Glück und die Zufriedenheit jedoch recht schnell, und man ist dann wieder neu auf der Suche nach etwas, was einem erneut diese Wirkung verspricht. So geht dies häufig ein Leben lang, und die meiste Zeit bleibt man dann doch unerfüllt und nicht im Frieden mit seinem Leben.

Mit diesem Buch lernst du 16 Trips (Wege) kennen, länger oder sogar für immer in einem glücklichen und friedlichen Zustand zu verbleiben, ohne in einer einsamen Höhle im Himalaya meditieren zu müssen.

Kann man das wirklich auch hier im Alltag, fragst du dich? Und natürlich fragen mich immer wieder viele Menschen, ob ich denn diesen Zustand erreicht hätte.

Ich bekenne mal gleich, dass auch ich noch auf dem Weg bin. Falls du also einen Heiligen suchst, musst du woanders suchen. Warum glaube ich dann, dir helfen zu können? Weil ich viele dieser Wege schon gegangen bin und auch vielen schon dabei geholfen habe, **ihren** Weg zu finden. Denn das ist es, was ich immer wieder sage: Es gibt nicht den einen, allein seligmachenden, richtigen Weg, sondern nur **deinen** eigenen Weg!

Was bräuchte es für dich, dass du dir ein friedliches Miteinander mit einem Fremden vorstellen kannst? Derzeit haben wir ja durch die Flüchtlinge eine große Unruhe in unserem Land. Wo liegen für dich die Knackpunkte in diesem Bereich, so dass du dir ein friedliches Miteinander vorstellen könntest?

Andere sind vielleicht schon so weit, dass sie mit sich und der Welt im Großen und Ganzen im Frieden sind, wenn da nicht dieses eine Thema wäre. Denjenigen empfehle ich mein Buch „Kopfsache", denn dort kannst du anhand vieler Fragen herausfinden, welche eigenen Überzeugungen und Glaubenssätze dich vielleicht bis jetzt noch daran hindern, mit der Welt und dir ins Reine zu kommen.

Doch nun lass uns gemeinsam ein paar Wege zu innerem und äußerem Frieden erkunden. Du wählst, welchen Tripp du zuerst gehen willst. Nimm dir wirklich etwas Zeit, um diesen einen Weg, der dich anspricht, in deinem Leben auszuprobieren und anzuwenden. Denn nur dann kannst du für dich herausfinden, was für dich funktioniert und was nicht. Also los!

Dankbarkeit

Anspruch: *leicht bis mittelschwer*
Länge/Art: *Kurztrip*
Anforderung: *Geduld*
Ziel: *Klarheit*

Vielleicht hast du schon mein Arbeitsbuch zum Thema Dankbarkeit gelesen und ausgefüllt und bist vertraut mit der Idee, dass Dankbarkeit dich turbomäßig in einen guten und friedlichen Zustand bringen kann. Falls nicht, lege ich dir sehr ans Herz, es zu erwerben und damit zu arbeiten. Hier bringe ich nur einen kleinen Ausschnitt.

Die Grundidee hierbei ist, auch wenn du gerade sehr unglücklich bist und vielleicht in innerer Aufruhr, dass dir Dankbarkeit helfen kann, dies sehr schnell zu ändern.

Wie geht das nun konkret?

Finde irgendetwas, wofür du, trotz deines nicht so tollen Zustandes, dankbar sein kannst. Das kann etwas sein, was du als selbstverständlich ansiehst, wie z. B. atmen zu können, ohne Beschwerden dabei zu haben, oder lesen/hören zu können, denn sonst wärst du ja nicht in der Lage, dieses Buch zu lesen/hören.

„Ja, wie jetzt, das soll schon alles sein?" Ja, so einfach könnte es sein. Vielleicht musst du dir aber ein paar Menschen in Erinnerung bringen, die dies nicht können, um zu erkennen, was das für ein wunderbares, wertvolles Geschenk ist, was du einfach so hast. Vielleicht fallen dir ja noch mehr Dinge ein, die du hast oder kannst, dann mach dir eine Liste, um es dir schwarz auf weiß vor Augen zu führen.

Mein Beispiel:

Wenn ich bemerke, dass ich unzufrieden bin, dann schaue ich auf meine Hände, wackele locker mit allen zehn Fingern und bin wieder glücklich und zufrieden.

PROBIERS AUS!

Beschließe jeden Tag mit einem kleinen Dankbarkeitsritual. Hierbei kannst du gerne schon im Bett liegen. Gehe in Gedanken deinen Tag durch und sag für verschiedene Dinge, auch eigentliche Selbstverständlichkeiten, innerlich danke.

Beispiele: „Danke für das pünktliche Aufwachen"; „danke, dass ich heute keine Schmerzen hatte"; „danke, dass ich die Sonne genießen konnte" usw.

Dies lenkt deine Gedanken auf Positives und lässt dich viel ruhiger und glücklicher schlafen.

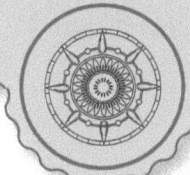

Der Königsweg der Dankbarkeit

Wenn du dann ein wenig geübter bist im Fühlen von Dankbarkeit, kannst du zum Königsweg der Dankbarkeit gehen. Sei für alles, und ich meine für **alles**, dankbar, was dir passiert! Also auch für die Sachen, die du intern als schlecht für dich bewertet hast.

Ich weiß aus eigener Erfahrung, dass sich sofort interner Widerspruch erhebt und direkt die schlimmsten Dinge angeführt werden, wie Vergewaltigung, Gewalt und Erkrankungen. Und doch bleibe ich dabei, denn ich habe es selbst ausprobiert und es wirkt. Ist es nicht so, dass du selbst schon die Erfahrung gemacht hast, dass dich das damals als Unglück eingeschätzte Ereignis rückblickend zu einer viel besseren Erfahrung gebracht hat? Klar werden mir hier viele widersprechen, weil sie den Vorteil bisher nicht erkennen konnten, doch ich möchte dich bitten, unter diesem Aspekt nochmals deine „schlechten" Erfahrungen anzuschauen.

Übrigens: Der Welttag der Dankbarkeit (World Gratitude Day) findet parallel zum Internationalen Tag der Friedens jeweils am 21. September statt!

Selbstbefriedigung

02

Anspruch: *leicht*
Länge/Art: *Kurztrip*
Anforderung: *Loslassen können*
Ziel: *Gutes eigenes Körpergefühl*

Okay, mal ehrlich, gehörst du auch zu denjenigen, die, nachdem sie sich das Inhaltsverzeichnis angeguckt haben, direkt hier aufgeschlagen haben? Herzlichen Glückwunsch, du bist nicht alleine. Was, wenn ich dir jetzt sagen muss, dass dies nicht der erfolgversprechendste Weg ist? Würdest du ihn trotzdem ausprobieren wollen? Vielleicht klappt es ja bei dir, denkst du, und ja, dieser Weg kann dich in einen entspannteren Zustand bringen und damit in einen friedlicheren Zustand.

Ketzerisch könnte man auch sagen: Solange jemand bei sich Hand anlegt, kann er die Hand nicht gegen einen anderen erheben. Was ungefähr den Zeitraum der Zufriedenheit wiedergibt, den einige eben nur sehr kurz erleben, um dann sofort wieder in den alten unbefriedigten Zustand zurückzugleiten.

Es weist aber auch einen Weg, um mit alten Tabus und übernommenen Glüblins (siehe mein Buch „Kopfsache" dazu) aufzuräumen und glücklicher, freier und damit mehr mit sich und der Umwelt im Frieden zu sein. In diesem Sinne empfehle ich, das mit der Selbstbefriedigung einfach mal auszuprobieren.

Berührung

Anspruch: *für Anfänger geeignet*
Länge/Art: *Ultraleichtflug*
Anforderung: *Neugier*
Ziel: *Glücksgefühle*

Bei dem Thema Berührung denken wir meist sofort an Kontakt mit anderen, doch auch sich selbst zu berühren ist sehr sinnvoll und mächtig, um innere Spannungen abzubauen oder mehr Zuversicht zu bekommen.

Nun ist dieses Thema jedoch auch stark kulturell unterschiedlich geprägt. Wir geben uns als bisher Fremde zur Begrüßung die Hand, während Menschen in südlichen Ländern auch Fremde direkt in den Arm nehmen oder ihnen symbolisch rechts und links Küsschen auf die Wange geben.

Da wir teilweise noch stark von Überlebensstrategien aus unserer Frühzeit der Menschheit angetrieben werden, ist es immer hilfreich, der anderen Person, der man sich nähert, die offenen Hände zu zeigen und damit anzuzeigen, dass keine Gefahr von uns ausgeht. Bei vielen Menschen, die sehr aufbrausend vom Naturell sind, kann dann eine sanfte Berührung der Schulter helfen, diese wieder zu beruhigen. Auch ein leichtes Klopfen der Finger in die eigene Handfläche kann Nervosität abbauen und mich beruhigen.

Mein absoluter Favorit für die Selbstberührung ist das intensive Massieren der eigenen Kopfhaut. Ich denke, jede/-r hat schon einmal die positive Wirkung gespürt. Warum machst du nicht einfach eine kurze Pause vom Lesen/Hören und massierst dich genau jetzt?

PROBIERS AUS!

Mach einmal bei einer Umarmungs-
aktion auf der Straße mit. Stell dich mit
geöffneten Armen und Händen hin, und
du wirst erleben, dass dich wildfremde
Menschen umarmen. Dieses Gefühl, was
du anschließend haben wirst, lässt sich
kaum in Worte fassen und kann, glaube
ich, nur erlebt werden.

Die Steigerung ist dann der Besuch
einer Kuschelparty. Hier empfehle ich dir
explizit, dich, wenn es nicht sowieso so
angeleitet wird, mit mehreren zu einem
Kuschelhaufen zu verbinden, denn dann
spielt die sexuelle Energie keine große
Rolle mehr und du erlebst die Freude, die
aus der Einheit/Verbundenheit entsteht,
und letztlich einen wunderbaren friedlichen Zustand.

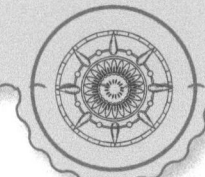

PEP: Klopfen nach Dr. Bohne

PEP ist eine der verschiedenen Energieklopftechniken, die alle auf dem System der Akupunkturpunkte beruhen. Hierbei werden verschiedene Energiepunkte geklopft oder massiert oder auch nur gehalten. Dies führt zu einer Reduzierung der jeweiligen Emotion.

Was, wenn man nicht an solche Energiesysteme im Körper glaubt? Dann kann man die Wirkungsweise auch dadurch erklären, dass Haut und Fingerkuppen eine größere Hirnregion aktivieren als andere Körperteile und dadurch viel Energiefluss und Botenstoffe angeregt werden. Dies beruhigt unsere Erregung, die wir haben, wenn wir wütend sind, und damit hilft uns allein schon das Klopfen, einen klareren Kopf zu bekommen.

Zusätzlich wird bei PEP gegenüber anderen Klopftechniken auch noch mit verschiedenen kognitiven Techniken gearbeitet (besser nur mit einer anderen Person durchführen), welches uns zu dauerhaften Veränderungen bringt und uns zu einem größeren inneren Frieden verhilft.

Lachen/Lachyoga

Anspruch: *leicht*
Länge/Art: *Kurztrip*
Anforderung: *Bereitschaft sich zu blamieren*
Ziel: *Leichtigkeit/Freude*

Viele von uns kennen die befreiende Wirkung von Lachen und würden auch gerne mehr lachen. Doch was, wenn uns der Witz nicht gefällt oder wir die scheinbar lustige Szene nicht lustig finden?

Viele Witze leben ja auch davon, dass man sich innerlich über jemanden oder eine Gruppe lustig macht und sich damit davon abgrenzt. Dies führt naturgemäß zu einer Ausschließung, die für einen wirklichen Frieden nicht hilfreich sein kann.

Als Alternative bietet sich Lachyoga an, eine Form des Lachens, die sich aus der Idee „Lachen ist die beste Medizin" entwickelt hat. Sie folgt jedoch auch dem Grundgedanken: „Solange wir miteinander (nicht übereinander) lachen, werden wir uns wohl auch nicht die Köpfe einhauen." Ein aus meiner Sicht und nach meiner Erfahrung treffender Gedanke. Mittlerweile kannst du rund um die Welt Lachyoga-Gruppen finden, und über das Internet (hier Skype) kannst du mit Menschen rund um den Globus lachen.

Probier's aus!

Kombiniere das Lachen, die Berührung, die Dankbarkeit und die Herzöffnung in möglichst vielen Varianten. Dies wird dich sehr schnell in einen ausgeglichenen Zustand bringen und dich mit anderen Menschen verbinden. Deshalb heißt meine Art, wie ich Lachyoga mache, auch „Berührendes Lachyoga". Da dies für die meisten von uns anfangs sehr ungewöhnlich ist und manche/-r die Übungen oder einzelne davon als kindisch ansieht, verwirft er/sie diese Methode nach dem ersten Ausprobieren. Ich empfehle, dass man es mindestens dreimal machen sollte, bevor man zu einer anderen Methode wechselt. Wo kannst du Lachyoga erlernen und praktizieren? Schau unter www.lachclub.info!

Bewegung/Hobbys

Anspruch: *mittelschwer*
Länge/Art: *Weitwanderweg*
Anforderung: *Geduld/Ausdauer*
Ziel: *Erfüllung/Freude*

Im Englischen heißt es: „Motion brings emotion." Das bedeutet übersetzt etwa: „Bewegung bringt Gefühle." Dieser Grundsatz wird übrigens auch beim Lachyoga aus dem Vorkapitel genutzt.
Bewegung ist aus meiner Sicht ein wunderbares Mittel, um sich aktiv zu entspannen, natürlich nur, wenn ich es nicht unter einem sportlichen Wettkampfaspekt betreibe.

Viele Menschen nutzen ja das Tanzen, also meist das Bewegen zur Musik, als hervorragende Möglichkeit, einfach mal abzuschalten.

Natürlich gibt es auch hier eine Kehrseite. Wenn nämlich zwei Menschen zusammen tanzen, deren Rhythmus nicht übereinstimmt, kann dies eher zu mehr Unfrieden führen.

Klar, auch andere sportliche Betätigungen, wie Schwimmen, Radfahren, Skaten, Bergsteigen, Am-Meer-Spazieren oder was auch immer, sind wunderbare Wege zu innerer Ruhe. Vielleicht wird von dir Unzufriedenheit aber eher so umgesetzt, dass du deine Wut an einem Sandsack auslässt, auf den du einschlägst, was definitiv besser ist, als auf einen anderen Menschen oder ein Tier einzuschlagen oder dich selber zu verletzen. Gut wäre es jedoch, wenn du danach mal in dich hineinhorchst, woher denn diese ganze Wut kommt, und was bringt sie dir bzw. was glaubst du, bringt sie dir?

Probier's aus!

Möglichst tägliche Bewegung in der Natur kann einen Menschen sehr schnell entspannen und ein Verbundenheitsgefühl mit der Natur und unserem Planeten herstellen. (siehe z. B. „Waldbaden" usw.). Auch das Bewegen zu deiner Lieblingsmusik kann Wunder bewirken, oder du nutzt Stille, um deiner eigenen Melodie zu lauschen und dich in ihr zu wiegen.

Natürlich gibt es auch andere Formen der Bewegung (auch recht kleine), die dich in einen meditativen, friedlichen Zustand bringen können. Nämlich wenn du deinem Hobby nachgehst. Vielleicht töpferst du gerne, malst gerne Bilder, schreibst regelmäßig in dein Tagebuch oder du liest gerne. All diese Tätigkeiten können dich fokussieren und innerlich ausgleichen.

Hast du deine Form davon schon gefunden oder willst du jetzt hierdurch angeregt endlich das ausprobieren/anfangen, was du schon immer auf dem Herzen hattest? Eine wunderbare Idee! Sei nur darauf gefasst, dass dein noch unruhiger, noch nicht in Frieden seiender Geist dich ungeduldig werden lässt und du für dich zu große, schnelle Fortschritte willst. Und wenn diese sich nicht sofort einstellen, hörst du vielleicht zu früh auf. Deshalb gibt es einen weisen Tipp aus allen Erfolgsbüchern: Fang mit kleinen, auf dich und deinen Körper angepassten Schritten an, damit du wirklich dranbleibst.

Wir sind gut im Überschätzen, was kurzfristig möglich ist, und schlecht im Schätzen, was langfristig erreichbar ist.

 # Nahtoderfahrung/Drogen

Anspruch: *mittel bis schwer*
Länge/Art: *evtl. nur One-Way-Trip*
Anforderung: *Offenes Bewusstsein*
Ziel: *Innerer Friede/Gelassenheit*

Okay, das muss ich erklären. Ich will hier nicht dazu auffordern, eine Nahtoderfahrung zu initiieren, um die Erfahrung eines vollkommenen Friedens zu machen, noch dazu, dass sich jemand umbringt, um endlich Frieden zu haben! Nützt nix, weil das Leben sich dann nur wiederholt. Wiedergeburt ist zwar in unserer religiösen Tradition ausradiert worden, nichtsdestotrotz gibt es sie (später dazu mehr).

Auch empfehle ich, keine Drogen zu nehmen, um in einen friedlichen Zustand zu kommen, denn dieser hält halt nur relativ kurz an, um dich anschließend unzufriedener als zuvor wieder in diese Realität zu bringen.

Hier möchte ich nur darauf verweisen, sich einmal intensiv mit Literatur zu diesem Thema auseinanderzusetzen, um aufzuzeigen, in welchem friedlichen Zustand die meisten Personen waren, als sie in diesem besonderen Zustand zwischen Leben und Tod waren.

Geh zum Trip 15 „Rückführungen/Zeit- und Astralreisen", um dort Hinweise zu finden, wie du in ähnliche Zustände kommen kannst, ohne eine Nahtoderfahrung machen zu müssen.

Beten/Glaube

Anspruch: *leicht*
Länge/Art: *Rundreise*
Anforderung: *Vertrauen*
Ziel: *Gewissheit/Innere Ruhe*

Ich hoffe, du hast dieses Kapitel nicht sofort über-schlagen, weil du schlechte Erfahrungen mit dem Glauben hast, du vielleicht zum Beten und zum Kirchenbesuch gezwungen worden bist oder in einer sektenähnlichen Gemeinschaft groß gewor-den bist. Nicht zu vergessen, dass aufgrund ver-schiedener Glaubensvorstellungen eigentlich mehr Unfrieden entsteht als aus anderen Gründen.

Hier möchte ich dir z. B. Beten nur als eine Mög-lichkeit vorstellen, dich ein wenig von deinem Pro-blem distanzieren zu können/zu lösen, indem du die Lösung an eine höhere Macht abgibst, mit der Sicherheit, dass diese Stelle sich darum kümmert bzw. schon gekümmert hat. „Wie bitte, ‚schon gekümmert hat'? Ich hab das Problem doch noch, sonst wäre ich doch nicht in einem so aufgewühl-ten Zustand!" Aus deiner Momentaufnahme heraus kann es sich so anfühlen. Probier das „richtige" Beten einmal aus. Wie geht „richtiges" Beten? Indem du dich bedankst für die Lösung deines Problems, als wärest du schon an dem Zeitpunkt, wo das Problem gelöst ist!

Beispiel: Du kannst keine Ruhe finden, weil du im Unfrieden mit deinem Partner bist.
Hier könnte dein Gebet folgendermaßen lauten: „ Danke, dass die Unzufriedenheit mit meinem Partner sich so gut gelöst hat. Danke! Danke! Danke!" Geh dann in das Gefühl hinein, dass du haben wirst, wenn das Problem wirklich gelöst ist, und lass dann los.

Ein weiterer Stolperstein auf dem Weg zu innerem Frieden können Glaubenssätze und Überzeugungen sein, die dir noch nicht einmal bewusst sind. Wie du diese erkennst bzw. erkennen kannst, zeige ich dir in meinem Buch „Kopfsache". Hier nur mal eine kurze Einführung.

Ein guter Hinweis könnten die sogenannten Universaloperatoren sein. Dies sind Wörter wie „immer, alle, jeder, nie".

Beispiele: „Immer wenn ich an meinen Vater denke, werde ich aggressiv." „Ich habe noch nie etwas Vernünftiges in meinem Leben zustande gebracht." „Alle Arbeitskollegen arbeiten gegen mich."

Hier könntest du folgende Fragen anwenden: Wirklich immer/nie/alle/...? Gab es mal eine Ausnahme? Hiermit lenkst/fokussierst du wiederum deine Gedanken in eine andere Richtung und findest dann meist doch Ausnahmen von deiner Aussage. Dadurch kannst du die Energie aus den vorherigen Verallgemeinerungen nehmen und eher in den Frieden kommen.

Aus meiner Sicht könnten aber auch religiöse Ansichten/Überzeugungen dazu führen, dass du keinen inneren Frieden finden kannst. Eine davon ist, dass nur dein Glaube der „richtige" ist. Eine andere, dass es nur dieses eine Leben gibt, was du lebst. Siehe hierzu auch den Punkt „Rückführungen". Natürlich steht es dir frei zu glauben, was du möchtest, doch überprüfe einmal für dich, ob du wirklich im Frieden mit den Aussagen deiner Religion bist oder einfach ein paar Dinge verdrängst, um eine Art inneren Frieden zu haben.

# Wünsche/Ziele überprüfen

Anspruch: *sehr leicht*
Länge/Art: *Kurztrip*
Anforderung: *Äußere Ruhe*
Ziel: *Klarheit*

Häufig resultiert unsere innere Unzufriedenheit aus Wünschen und Zielen, die wir von irgendwem übernommen und nie wirklich hinterfragt haben. Dabei merken wir nicht, dass sie gar nicht zu uns passen.

Muss es wirklich der größere Wagen, das eigene Haus, das Studium sein?
Ist mein Glück und damit meine Zufriedenheit wirklich vom Erwerb von xyz abhängig?
Muss ich dem beruflichen Erfolg alles unterordnen, und wenn ich dann ganz oben angelangt bin, bin ich dann wirklich glücklich und zufrieden? Macht es Sinn, seine Gesundheit aufs Spiel zu setzen?
Macht es Sinn, sich zu verstellen, damit man seinen Traumpartner an sich bindet?

PROBIERS AUS!

Setz dich einmal hin und notiere alle deine Wünsche, seien sie das private Glück betreffend, die beruflichen Vorstellungen oder den idealen Partner und Kinder.

Dann nimm dir mit etwas Abstand die Liste deiner Wünsche wieder vor und frag dich, ob du auch bereit bist, die Konsequenzen zu tragen, denn alles hat irgendeine Konsequenz. Willst du deine Wünsche immer noch?

Horch mal in dich hinein und visualisiere das Leben, wenn du deine Wünsche/Ziele erreicht hast. Macht das Erreichen dieser Wünsche/Ziele dich zufriedener? Auf Dauer oder doch nur für kurze Zeit?

Wenn du wirklich den Eindruck hast, dass es dich auf Dauer glücklicher und zufriedener macht, dann erstrebe diese Wünsche und Ziele. Bleib jedoch offen für neue Wendungen des Lebens, denn meist können wir doch nicht alle möglichen Konsequenzen im Vorhinein erkennen.

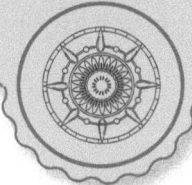

Vergebung/Loslassen

Anspruch: *schwer*
Länge/Art: *Pendelstrecke*
Anforderung: *Liebe/Selbstliebe*
Ziel: *Leichtigkeit/Befreiung*

Zum Thema Vergebung gibt es exzellente Bücher, die ich hier aber nicht kopieren möchte. Stattdessen möchte ich nur kurz auf diesen mächtigen Weg zu innerem Frieden hinweisen.

„Auge um Auge, Zahn um Zahn!" Wenn wir so alle vorgehen würden, wäre die Menschheit blind und zahnlos. Ist es das, was du möchtest?

Vergebung, wie ich sie verstehe, ist im Grunde ein Loslassen der Vergangenheit bzw. dessen, was in der Vergangenheit passiert ist. Auch und gerade das Loslassen der Idee, dass derjenige, der uns Leid zugefügt hat, dafür ebenfalls leiden/büßen soll.

Klar, wenn es irgendwie geht, soll derjenige einer Bestrafung nicht entgehen, doch was, wenn der

Peiniger nicht mehr zur Verantwortung gezogen werden kann? Dann wäre es klug, alle „offenen" Rechnungen loslassen zu können. Im eigenen Interesse, für den eigenen inneren Frieden und die Gesundheit sollten wir die bis dahin bestehende Abhängigkeit vom Verursacher lösen. Dies gibt uns die Macht über unsere Gefühle zurück und ist ein wichtiger Schritt, um wieder glücklich und unbeschwert sein zu können.

Nur mal angenommen, dieses Leben hier wäre eine Schule für bedingungslose Liebe und Bewusstwerdung. Würde jeder von uns mit den verschiedensten Formen des Missbrauchs in seinem Leben konfrontiert und würde unbewusst handelnd ebenfalls seine Mitmenschen schädigen, wären wir dann nicht alle schuldig, weil wir nicht aus der Liebe heraus handeln?

Würden wir Menschen die Dinge antun, die wir tun, wenn wir uns wirklich der vollen Tragweite unseres Handelns bewusst wären?

PROBIERS AUS!

Setze dich hin und schreibe alles auf, was dich belastet. Schreib die Gefühle auf, die damit verbunden sind. Frag dich, ob der „Täter" auf seiner Bewusstseinsstufe wirklich erkennen konnte, was er/sie da macht. Gib dann alles in eine feuerfeste Schale und zünde es an, und lass das Feuer alles verzehren.

Öffne dich danach dem Liebesstrom, der das Universum durchzieht, wahlweise rufe auch gerne einen imaginären Helfer zur Hilfe, wie vielleicht den Erzengel Michael oder Raphael.

Fühle diese liebevolle, alles verstehende Kraft und ihre Macht, die dich nach und nach immer mehr ausfüllt und alle Reste von Wut und anderen negativen Gefühlen aus dir herausspült.

Lass dich von tiefer neuer Freude anfüllen und geh so gestärkt ins Leben zurück. Notfalls mache diese Übung mehrfach.

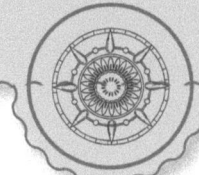

Für den „Hausgebrauch" gibt es eine weitere sehr interessante Methode, das Ho'oponopono, welches ein sehr altes hawaiianisches Vergebungsritual ist. Dies baut auf der Erkenntnis auf, dass wir alle eins sind und es deshalb keinen Unterschied zwischen dir und mir gibt.

Zur Einstimmung können wir uns auf das Universum als Ganzes konzentrieren und um Erkenntnis, Kraft und Ruhe bitten. Danach beschreiben wir das Problem und benennen unseren Anteil daran (dies kann die Erinnerung an das Ereignis selbst sein). Aus der Erkenntnis „Du bin ich" heraus sprechen wir dann laut die folgenden Sätze:

„Es tut mit leid! Bitte verzeih mir! (Ich bin bereit loszulassen.) Ich liebe dich! Danke!"

Wir sagen sie mit dem Vertrauen, dass jetzt alles gut ist, wie es ist, und sich das Universum der Sache annimmt. Für uns westlich geprägte Denkmenschen ist dies eventuell nicht einfach, doch mit der Idee im Kopf, dass diese Methode schon in Millionen von Fällen erfolgreich war, können wir besser vertrauen, loslassen und endlich Frieden finden.

Partnerschaft

Anspruch: *mittelschwer bis sehr schwer*
Länge: *Überraschungsreise*
Anforderung: *Konfliktbereitschaft*
Ziel: *Erlebnis von Einheit*

„Wie soll ich denn durch eine Beziehung zu innerem Frieden gelangen?" Weil wir in einer Beziehung zu einem anderen den vorherigen Punkt „Vergebung/Loslassen" so gut üben können!

In einer Beziehung können wir wunderbar lernen, dass es nicht nur unsere Ansicht über Gott und die Welt und die offene Zahnpastatube gibt, sondern eben auch eine andere. Hier werden wir durch den anderen ständig damit konfrontiert, welche Ansichten und Meinungen wir auch unbewusst mit uns herumschleppen. Wir können uns darin üben, die Ansichten des anderen zu akzeptieren als eine weitere Möglichkeit, die Wirklichkeit zu interpretieren.

Was können wir ohne Probleme tolerieren und was ist ein No-Go für uns? Spannend wird es bei den meisten partnerschaftlichen Beziehungen, wenn das bis dahin gefundene Gleichgewicht durch eine weitere Person, sprich Kind, neu gemischt wird.

Mein Beispiel:

Mit meiner zweiten Frau bin ich viel zu schnell zusammengezogen und wir haben direkt unge-schützten Geschlechtsverkehr gehabt, was dann schnell dazu führte, dass wir Nachwuchs beka-men. Dies war in Ordnung für uns beide und so freuten wir uns auf das Kind.

Relativ schnell wurde dann klar, dass wir doch sehr unterschiedliche Ansichten über die Erziehung eines Kindes hatten. Meine Frau fühlte sich auf-grund ihrer Erfahrung, denn sie hatte schon zwei Kinder aus erster Ehe, in der Position zu wissen, wie man Kinder erzieht. Leider konnte ich dies so nicht akzeptieren, da einige Punkte überhaupt nicht meinen Überzeugungen entsprachen. Da ich damals noch nicht so weit war, dies als Chance zu sehen, meine Überzeugungen und Ansichten zu überprüfen, kam es zur Trennung.

Natürlich hatte ich starken Groll gegenüber mei-ner Exfrau in mir, doch ich wollte auf keinen Fall, dass unser Kind darunter würde leiden müssen, und so arbeitete ich im neu gewonnen Abstand diese Beziehung auf. Hierdurch konnte ich meine Frau so stehen lassen mit ihren Ideen und wir konnten schon zur Scheidung entspannt wieder miteinander sprechen.

„Vergebung wie ich sie
verstehe ist ein Loslassen
der Vergangenheit
bzw. dessen was
in der Vergangenheit
passiert ist."

Meditation/Entspannung

Anspruch: *schwebend leicht*
Länge/Art: *Ballonfahrt*
Anforderung: *Äußere Ruhe/Zeit*
Ziel: *Bewusstheit*

Für uns westliche Menschen immer noch ein Buch mit sieben Siegeln, und viele sind sich nicht sicher, ob sie es denn richtig machen, so wie sie es machen.

Meist wird das Beobachten der Atmung als Einstieg angeboten und gleichzeitiges ruhiges, aufrechtes Sitzen. Wenn du jedoch eher der unruhige Typ bist, könnte es hilfreicher sein, durch starkes Bewegen/Tanzen deine überschüssige Energie herauszulassen, bevor du dann z. B. zu Boden sinkst und einfach deinen Körper fühlst.

Es gibt auch sehr gute CDs, die dich mit Hilfe von Autogenem Training oder Progressiver Muskelentspannung in einen angenehmen, entspannten und damit entspannteren Zustand bringen. Hilfreich sind auch die technischen Angebote von sogenannten Biofeedback-Maschinen, wo du auf einem Bildschirm nachverfolgen und dann auch steuern kannst, in welchem Zustand du schwingst. Hier kannst du ausprobieren, welche Gedanken für dich eher hilfreich und entspannend sind und welche nicht.

Probier's aus!

Probier verschiedene Meditations- und Entspannungsmethoden aus, um zu sehen, welche bei dir am wirksamsten ist.

Hier kann es sehr hilfreich sein, den Zustand des Beobachters einzunehmen, den ich noch im kommenden Abschnitt „Erkenntnis" näher ausführe. Für den Anfang empfehle ich dir, einfach mal verteilt über den Tag jeweils einen Moment deine Aufmerksamkeit auf deinen Atem zu richten und wahrzunehmen, wie er ein- und ausfließt.

Achtung bei Fokussierung

Fokussierung ist ein zweischneidiges Werkzeug, denn zum einen blendet es Dinge aus und lässt mich dadurch nicht das große Ganze sehen, aber zum anderen kann es mir helfen, in einen friedlichen Zustand zu kommen.

Wenn du dich ganz auf das Lesen dieses Buches konzentrierst, dann blendest du deine Umwelt und deine vielen Gedanken aus und hast die Chance, einen friedlichen Zustand zu erreichen. Wenn jedoch einige Ideen in diesem Buch deinem Wertesystem völlig widersprechen, dann wirst du wohl erst einmal ordentlich aufgerührt sein und nicht so friedlich. Fokussierung z. B. bei Workaholics ist eher kein friedlicher Zustand, da dort meist viel Anspannung mitschwingt.

Also beobachte dich doch mal dabei, wann du so stark fokussiert/fixiert bist, dass du die Welt um dich herum vergisst, und frag dich, ob dir diese Fokussierung/Fixierung auf Dauer mehr Zufriedenheit bringt.

Erkenntnis/Achtsamkeit

Anspruch: *spielend leicht*
Länge/Art: *Multistop-Reise*
Anforderung: *Kreativität/Spielfreude*
Ziel: *Verändertes Bewusstsein*

Alle Informationen, die auf uns einstürmen, werden von unserem Unbewussten aufgenommen und mit Hilfe unserer mit der Zeit gebildeten Glüblins und unseres Reptiliengehirns (T-Rex) in gut oder schlecht für uns einsortiert. Die Glüblins fungieren als sogenannte Glücksbewahrer und Unglücksverhinderer, die automatisch, ohne dass uns dies noch bewusst ist, ständig am Werk sind.

Dies ist solange gut, wie sie uns auch wirklich in einen glücklichen Zustand bringen bzw. in einem solchen halten. Wenn wir unzufrieden mit unserem Leben sind, kann dies ein Hinweis auf für uns nicht mehr nützliche Annahmen sein. Diese Glüblins können teilweise auch wirklich gefährlich werden.

Ein Beispiel:

Als du sehr klein warst und zum Überleben auf die Hilfe anderer angewiesen warst, hast du Menschen, die dir etwas zu essen geben, als positiv für dich eingeordnet. Wenn du dann vielleicht 6 Jahre alt bist und dir ein fremder Mann Schokolade anbietet, wäre es gut, den Unterschied klar zu haben und bei einem noch fremden Mann erst einmal vorsichtig zu sein und nicht einfach mitzugehen.

Derzeit ist ja auch das Thema Achtsamkeit in aller Munde. Hierbei geht es darum, unsere Wahrnehmung zu schärfen für all die Dinge, die unser Gehirn aus unserer bewussten Aufmerksamkeit herausfiltert, weil es sie gerade nicht als lebensnotwendige Information einstuft oder einfach als altbekannt verbucht. Hierdurch sind wir jedoch abgeschnitten von der Möglichkeit, jetzt in diesem Moment das Maximum an Glück für uns erleben zu können. Hier hilft es, seine Aufmerksamkeit bewusst auf Details im Äußeren zu lenken, um diese wieder bewusster wahrzunehmen.

PROBIERS AUS!

Während du auf deinem gewohnten Weg gehst, schaue bewusst z. B. auf einen Baum, an dem du immer vorbeikommst. Gehe einmal um den Baum herum, um eine neue Perspektive zu gewinnen. Schau bewusst in die Baumkrone und lass diesen Eindruck einen Moment auf dich wirken.

Vielleicht probierst du auch mal aus, diesen Baum zu umarmen bzw. ihn mit deinen Fingern zu erspüren. All dies kann dir helfen, einen friedlichen Zustand in dir auszulösen.

Perspektivenwechsel kann auch eine gute rein mentale Übung sein. Rufe dir eine Erinnerung in den Sinn, mit der du nicht glücklich bist.

Nun nimm einmal die Vogelperspektive ein und betrachte das Ganze von oben. Kannst du vielleicht neue Zusammenhänge erkennen?

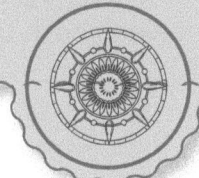

Eine andere Position einnehmen

Ein noch umfassenderer Ansatz ist aus dem NLP bekannt unter dem Namen 1-2-3-Meta. Dieser eignet sich besonders gut bei Konflikten zwischen dir und einer anderen Person. Hierbei ist 1 deine Position, 2 die Position der anderen Person, 3 die Position einer unbeteiligten Person und Meta die Position eines noch entfernteren Beobachters.

Beispiel:

Du bist der Meinung, dass dein Partner sich nach der Arbeit auch mal um die Kinder kümmern soll. Dein Partner meint aber, dass er viel zu kaputt sei und einfach seine Ruhe brauche.

Jetzt machst du für dich alleine Folgendes: Du schreibst auf 4 Zetteln die Nummern 1 bis 3 und Meta. Diese legst du jetzt auf den Boden, wobei 1 und 2 sich gegenüberliegen und 3 etwas abseits ist. Für den Zettel Meta holst du dir einen Stuhl, auf dem du diesen Zettel ablegst.

Nun gehst du abwechselnd von einer Position zur nächsten, wobei du dich möglichst auf den Stuhl stellen solltest, um einen noch besseren Überblick zu haben.

Versuche dich, so gut es geht, auf der Position 2 in deinen Partner hineinzuversetzen und nachzuspüren, warum er dies so sagt. In der Position 3 bist du der neutrale Beobachter, der von außen eure beiden Positionen auf sich wirken lässt, um dann seine Sicht der Dinge kundzutun. In der Metaposition schaust du auf das gesamte Geschehen und kannst vielleicht zu einer neuen Sicht der Dinge gelangen.

Wundersamerweise wird sich dies auch auf deinen Partner auswirken, obwohl er ja gar nicht dabei war und es könnte gut zu einem besseren Verhältnis zwischen euch führen. Einen Versuch ist es auf jeden Fall wert.

Bewusste Entscheidungen treffen

Bewusste Entscheidungen treffen zu können setzt voraus, dass ich mir im Klaren darüber bin, was ich will. Da es für die meisten doch schwierig ist, genau zu formulieren, was sie wollen, und das in allen Bereichen des Lebens, empfehle ich immer, mit einer Liste anzufangen. Notiere die Dinge, die du nicht willst, um darüber dann im Ausschlussverfahren zu erkennen, was du wirklich willst.

Beispiel:

„Ich habe keinen Bock mehr auf diese Arbeit."

„Was würdest du denn gerne machen?"

„Na, ich weiß nicht, nur diese blöde Maloche nicht."

„Was ist es denn genau, was so blöd ist an deiner jetzigen Arbeit?"

„Na, ich muss immer so früh anfangen."

„Heißt das, dass du genau dieselbe Arbeit gerne machen würdest, wenn du nicht mehr so früh anfangen müsstest?"

„Na ja, das ist es nicht alleine, die schwere Schufterei geht mir verdammt auf die Knochen."

„Also wäre eine Arbeit, die nicht so früh anfängt und körperlich nicht so schwer wäre, etwas, was du gerne machen würdest?"

„Na ja, aber ich weiß nicht, was."

„Okay, vielleicht schauen wir mal in die Beschreibung verschiedener Tätigkeiten hinein, ob wir etwas Besseres für dich finden."

In der täglichen Hektik verlieren wir gerne unsere wirklichen Wünsche aus dem Blickfeld, und deshalb ist es auch hier ein guter Tipp, sich einen Moment Zeit zu nehmen, bewusst tief ein- und auszuatmen, um sich zu fragen: Will ich das wirklich?

Frag dich doch auch mal Folgendes:

Will ich wirklich jemand anderem die Macht über meine Gefühle geben, oder will ich nicht lieber selbst die Kontrolle über meine Gefühle haben?

Man sagt ja auch: Was auf dich von außen eindringt, darüber hast du keine Kontrolle, aber wie du darauf reagierst, das liegt einzig bei dir. Vielleicht triffst du ja die Entscheidung, dass niemand es wert ist, dein Glück, deine Zufriedenheit von ihm/ihr abhängig zu machen.

„Die Stimme des Herzens spricht immer in Möglichkeiten, sie wird dir von nichts abraten, jedoch alternative Wege anbieten. "

(Selbst-)Liebe/Herzhören

Anspruch: *mittelschwer*
Länge/Art: *Long Distance Trail*
Anforderung: *Unerschrockenheit*
Ziel: *Gelassenheit/Zufriedenheit*

Je mehr du dich selbst liebst, desto weniger bist du abhängig von der Liebe anderer!

Leider ist uns die Selbstliebe meist schon früh von unseren Eltern schlecht gemacht worden, weil sie fälschlicherweise glaubten, dich davon abhalten zu müssen, damit du kein Egoist wirst.

Doch der Mensch ist natürlich erst einmal auf sein Überleben programmiert, und es ist an den Erwachsenen vorzuleben, dass durch den Schutz und das Kümmern um den anderen ein noch viel größeres Glück entstehen kann.

Selbstliebe heißt für mich auch: Sei gut zu dir selbst. Sind wir wirklich gut zu uns selbst, wenn wir doch wissen, dass etwas, was wir tun oder nicht tun, nicht gut für uns ist, und wir es aber trotzdem machen?

Beispiel:

Eigentlich jeder weiß, dass Rauchen nicht gut für den Körper ist, und trotzdem tun es so viele. Übermäßiger Genuss von was auch immer ist nicht gut für unseren Körper und trotzdem tun wir es. Wäre es nicht besser, einen Moment innezuhalten, sich selber etwas Liebe zu schenken, um dann vielleicht besser entscheiden zu können?

Selbstliebe heißt für mich auch, gut mit sich selbst zu reden. Wie oft sind wir unser größter Kritiker. Wir schimpfen mit uns, machen uns klein und erzählen uns selber die Dinge, die wir vielleicht in der Kindheit von einem anderen gesagt bekommen haben. Wäre es nicht besser, sich dafür zu loben, dass es einem aufgefallen ist, dass etwas noch besser gehen könnte?

PROBIERS AUS!

Sei gut zu deinem Körper. Schenk ihm die nötige Aufmerksamkeit und Zuwendung. Hör gut auf ihn. Wenn dein Körper sich dir über den Schmerz mitteilt, zeigt dir dass, das du ihn schon eine geraume Zeit (vielleicht sogar Jahre!) lang überhört hast. Je besser du auf dich und dein Wohlbefinden achtest, um so weniger wird sich dein Körper bei dir *beschweren* müssen *(Beschwerden)*.

Denk bitte auch daran, dass du ein einzigartiger Mensch bist, den es so nicht nochmals gibt. Jeder hat seine individuelle Zeit, die er braucht, um etwas zu tun/zu verstehen. Nimm dir deine Zeit! Du musst auch nicht perfekt sein, um dich lieben zu können!

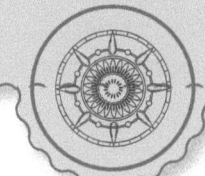

Liebe

Wie ist es jetzt mit der Liebe zum anderen? Wie könntest du jemand lieben, den du bisher nicht lieben konntest? Was genau verstehst du unter Liebe? Hoffentlich hast du in deinem Leben schon einmal erfahren dürfen, wie es ist, wenn dich jemand liebt. Fühlst du dich von deinen Eltern geliebt? Was, wenn es leider bisher nicht so war?

Wie kann es sein, dass der Partner/die Partnerin dir immer wieder versichert: „Ich liebe dich", um dann in teilweise ärgsten Streit mit dir zu geraten und dich vielleicht sogar auch körperlich zu verletzen? Wo ist die Liebe hingegangen, oder war es überhaupt „wirkliche" Liebe?

„Sie liebten sich und blieben glücklich bis an ihr Lebensende." So kennen wir es aus den Märchen, und auch heute noch warten viele auf ihren „Prinzen".

„Liebe macht blind" kennen wir alle, die schon mal richtig verliebt waren. Wir blenden Dinge beim anderen aus, die uns nicht gefallen, bis der „Alltag" in eine Beziehung kommt. Dann stören uns die Eigenheiten unseres Partners nur noch und wir können vielleicht die guten Seiten nicht mehr sehen.

„Gegensätze ziehen sich an", sagt man, aber wir, die wir schon einmal mit einem Gegensatz länger zusammen waren, wissen, dass sie sich auch schnell wieder abstoßen. Was also tun? Du hast schon alles probiert?

Dann empfehle ich dir, wie schon oben besprochen, dich selbst zu lieben. Fang klein an, indem du irgendetwas findest, was du an dir lieben kannst, und dann weite es immer mehr aus, bis zu dem Punkt, wo du dich mit all deinen „Fehlern" liebst. Wenn du dich nicht selbst lieben kannst, dann wirst du auch nicht glauben können, dass ein anderer dich liebt!

Ähnlich verfährst du mit anderen Menschen. Finde ein Detail, welches du am anderen lieben kannst, und weite diese Liebe dann nach und nach auf die gesamte Person aus. Die darf genauso wie du deshalb weiterhin unperfekt sein und genau wie du „Fehler" machen. Wenn du diese Übung machst, kann es dazu führen, dass du mehr im Frieden mit dieser Person bist und sie so stehen lassen kannst, wie sie gerade ist.

Akzeptanz und Toleranz sind nicht immer einfach anzuwenden, wenn von der Gegenseite keine kommt, und doch schließt eine bedingungslose

Liebe auch diese Menschen ein. Wie kannst du nun diese bedingungslose Liebe lernen?

Durch „Herzhören"

Die meisten von uns kennen die Stimme(n) in unseren Köpfen und vielleicht noch das sogenannte Bauchgefühl, aber dass das Herz auch spricht, ist den meisten von uns nicht bewusst. Das kommt daher, dass Kopf und Bauch meist sehr laut sind, das Herz jedoch sehr leise spricht.

Wie kann ich denn die Stimme des Herzens noch von den beiden anderen unterscheiden? Nun, die Stimme des Herzens spricht immer in Möglichkeiten, sie wird dir von nichts abraten, jedoch alternative Wege anbieten.

Ganz wichtig: Ich sage nicht, dass du Kopf und Bauch ganz ausschalten sollst, das wird dir dein Herz auch nicht empfehlen. Doch wäre es gut, der weisen Stimme des Herzens zumindest einmal zuzuhören.

Dafür nimmst du dir einfach immer mal einen Moment, in dem du zur Ruhe kommst. Konzentriere dich auf die Region des Herzens und stell dir vor, wie du dein Herz öffnest, damit du es besser verstehen kannst. Wie gesagt, es wird dir nur positive Vorschläge machen. Doch wie willst du damit zu mehr Frieden kommen?

Aus meiner Sicht haben wir alle durch das Herzhören die Möglichkeit dazu, denn gerade die gefühlten Ungerechtigkeiten und Streitigkeiten können uns dahin führen, dass wir uns wirklich nach Frieden sehnen. Dann sind wir bereit, alte Ansichten und Überzeugungen loszulassen, weil diese im Vergleich nicht mehr so wichtig sind. Dafür musst du natürlich erst einmal erkennen, was deine Überzeugungen sind (und vielleicht auch, woher sie stammen).

Wenn du bereit bist, der Stimme deines Herzens (Herzflüstern) zu lauschen, ist die Frage danach, wer recht und wer unrecht hat, einfach nicht mehr relevant und verschwindet in ihrer Wichtigkeit für uns. Du wirst merken, wie du immer öfter in einen friedlichen Zustand kommst.

„Selbstliebe heißt für mich,
sei gut zu dir selbst,
rede gut zu dir selbst,
sei gut zu deinem Körper."

Global Denken und Handeln

Anspruch: *leicht bis mittelschwer*
Länge/Art: *Studienreise*
Anforderung: *Verantwortungsbereitschaft*
Ziel: *Innere/äußere Ruhe*

Dieser Weg des inneren und äußeren Friedens ist auch eine Art der Bewusstwerdung. Es gibt nicht die eine Seite, die alleine recht hat. Hier betrachten wir den Aspekt der Bewusstwerdung der einzelnen Gruppen/Systeme, in denen wir alle sind.

Da ist zuerst die kleinste Gruppe, nämlich du. „Das versteh ich nicht", denkst du vielleicht gerade, „zu einer Gruppe gehören doch mindestens zwei!". Ja richtig, doch wenn ich statt des Gruppenbegriffes von Systemen spreche, wird schnell klar, dass wir aus ganz vielen Systemen bestehen.

Nehmen wir nur mal den Blutkreislauf, die Atmung und die Verdauung. Damit bei uns intern alles reibungslos funktioniert, müssen diese scheinbar selbstständigen Systeme mit den anderen zusammenarbeiten.

Oder nehmen wir unseren Willen. Da ist der eine Teil in uns, der gerne das Stück Schokolade essen möchte, und der andere Teil, der sagt: „Nein, tu das nicht, denn das ist nicht gut für dich." Es wäre auch hier also hilfreich, wenn diese Teile sich auf einen Kompromiss einigen könnten, denn wenn nur die eine Seite sich immer über die andere hinwegsetzt, wird diese andere Seite immer unzufriedener und du damit auch.

Es wäre also gut, wenn jeder Mensch erst einmal innerlich für Frieden sorgt, bevor er/sie mit anderen Menschen in Kontakt tritt. Da dies natürlich nicht die Realität ist, könnte es aber helfen, bei sich anzufangen, bevor man gegen andere „schießt"!

Mit der Anzahl der Beteiligten in einer Gruppe/ einem System wird dies natürlich immer komplexer und ein wunderbarer Lernprozess für uns alle. Auch wenn wir es teilweise schon in den Weltraum geschafft haben und natürlich auch die kosmischen Einflüsse (Sonneneruption, Kometen) eine Rolle spielen, ist das für uns wichtigste System unsere Erde.

Viele Firmen haben angefangen, global zu denken, ganz einfach weil es für sie gewinnbringend war. In diesem Sinne sollten auch wir dahin kommen, global zu denken und zu handeln, denn wie man so schön sagt: Die Erde ist ein Dorf. Durch unsere modernen Transport- und Kommunikationsmittel sind wir ganz schnell an einem anderen Ort und merken ja heute, dass es nicht mehr egal ist, ob in China ein Sack Reis umfällt oder nicht.

Probier's aus!

Sei dir heute mal bei allem was du tust des Zusammenwirkens der kleinsten mit den größten Systemen bewusst.

Der Spruch „Was kann ich als Einzelner schon machen!" ist bewiesenermaßen falsch. Heute hat jede/-r durch das Internet einen Rieseneinfluss.

Sei dir deshalb deiner Verantwortung für den äußeren Frieden bewusst, und fang bei dir innen an! Frag dich, was, wenn ich diesen Gedanken/diese Idee größer sehe? Welche Auswirkungen wird es haben, wenn ganz viele Menschen auf der Welt so denken?

„Wenn wir alle eine übergeordnete
Perspektive einnehmen und
akzeptieren, dass es auch
andere Wege zum Ziel gibt,
dann gibt es Hoffnung."

Rückführungen/Astralreisen

Anspruch: *sehr leicht*
Länge/Art: *Überschallflug*
Anforderung: *Offenheit*
Ziel: *Neue Erkenntnisse*

„Wie bitte, wie sollen Dinge, an die ich noch nicht einmal glaube, einen Beitrag zu mehr Frieden leisten können?" Das Tolle ist: Du brauchst nicht daran zu glauben, damit so etwas funktioniert.

Vielleicht gehörst du ja zu den Menschen, die in ihren Träumen schon einmal mit ihrem Körper und sonst nichts einen Flug gemacht haben. Wenn ja, dann hast du höchstwahrscheinlich eine außerkörperliche Reise (auch Astralreise genannt) erlebt, die dir aber als solche nicht bewusst war. Vielleicht bist du durch den (Rück-)Fall in deinen Körper auch mit einer kurzen heftigen Bewegung aufgewacht, ohne dass dir dieser Ausflug aus deinem Körper bewusst war. Wie auch immer, viele von uns haben diese oder ähnliche Erfahrungen gemacht und sich hinterher beim Erwachen gefragt, ob das wirklich passiert ist.

15

Wenn man außerkörperliche Reisen bewusst produzieren möchte, braucht es meist eine lange Übungszeit. Viele Dinge kann man aber auch über angeleitete Phantasiereisen, beauftragte Träume und letztlich auch durch hypnotische Rückführungen erfahren.

Hilfreich als Vorbereitung könnten Berichte von anderen Menschen sein, die dies schon einmal gemacht haben. Da man meist über solche Themen nicht spricht, besorg dir doch mal ein, zwei Bücher mit entsprechenden Berichten. Hier möchte ich dir die Bücher der beiden amerikanischen Psychiater Dr. Brian Weiss und Dr. Michael Newton empfehlen, wobei sich Dr. Newton auf, wie er es nennt, „die Leben zwischen den Leben" spezialisiert hat. Falls du magst, kannst du mich oder einen darauf spezialisierten Hypnosetherapeuten gerne zur Unterstützung kontaktieren.

PROBIERS AUS!

Beauftrage dein Bewusstsein kurz vor dem Einschlafen mit dem Wunsch, eine außerkörperliche Reise zu machen, an die du dich nach dem Aufwachen auch erinnerst. Es kann sein, dass du dies ein paar Nächte hintereinander machen musst, bis es zum Erfolg führt.

Ein anderes Mal beauftragst du dein Bewusstsein damit, dich während des Schlafes zu dem Zeitpunkt zu führen, wo du gestorben bist und eine Lebensrückschau machst. Auch hier solltest du die Anweisung nicht vergessen, dass du dich am nächsten Morgen auch daran erinnern kannst.

Als Variation könntest du auch zu dem Zeitpunkt reisen, wo du das letzte Mal gestorben bist, und dir dein damaliges Leben in der Lebensrückschau anschauen. Falls du sehr fortgeschritten im Meditieren bist, kannst du diese Reisen auch in der Meditation machen.

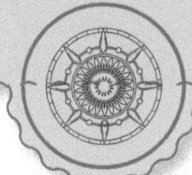

Hier noch eine kleine Episode von mir:

Ich bin mit einem sogenannten Schiefhals gebo-
ren, wo eine Sehne zum Halten des Kopfes nicht
so gewachsen ist wie die anderen. Dadurch konnte
ich meinen Kopf nicht gerade halten.

Bei einer Rückführung gelangte ich in ein Leben,
in dem ich ein einfacher Tagelöhner war und
Steine schleppen musste. Hierzu trug ich eine am
Kopf befestigte Trageeinrichtung auf dem Rücken.
Die Szene, die ich erlebte, war der Moment, in
dem ich am Ende meiner Kräfte strauchelte und
die schweren Steine mich in einen Graben fallen
ließen, in dem ich dann verstarb.

Ich verließ meinen Körper und schaute mir das
Ganze aus der Vogelperspektive an. Ich empfand
keine Verbitterung mehr, sondern einfach nur
noch Liebe und war dankbar für die gemachten
Erfahrungen.

Ein Teil von mir wollte, dass ich in diesem Leben
eine Erinnerung daran behalten sollte, um zu
erkennen, wie gut es mir in diesem Leben geht.
Das war mir anfangs meines jetzigen Lebens, wo
ich teilweise wegen meiner schiefen Kopfhal-
tung gehänselt wurde, natürlich alles noch nicht

bewusst. Doch gleichzeitig führte mein Schiefhals dazu, dass ich nicht zur Bundeswehr musste, was für mich ein toller Vorteil war.

Kannst du dir jetzt vorstellen, wie beruhigend es sein kann, die Todesangst loszuwerden, die einzig aus der begrenzten Sicht unseres Egos und unserer übernommenen Überzeugungen entstanden ist? Deshalb empfehle ich dir hier wärmstens, Zeit in diesen Weg zum Frieden zu investieren. (Ich biete neben Einzelsitzungen auch immer wieder geführte Gruppenrückführungen an.)

Du könntest ja bisher auch durch deine Religion daran glauben, dass du nur dieses eine Leben hast. Spür mal in dich hinein, wie viel Stress diese Idee in dir auslöst, mit dem Wissen/der Erkenntnis, dass du schon so viel falsch gemacht hast (aus religiöser Sicht) und dass du das wohl nicht mehr alles wiedergutmachen kannst, bevor du stirbst, und du ja dann wohl in der Hölle landen wirst.

Nimm jetzt einfach nur als Hypothese an, dass die anderen Religionen in dem Punkt recht haben, wenn sie von Wiedergeburt und vielen Leben sprechen. Damit hat unser Ego, welches ja erst in diesem Leben entstanden ist, natürlich ein Problem.

Doch tu gedanklich einmal so, als ob du unendlich viele Leben hättest, und spüre in dich hinein, was das mit dir macht. Klar, der Verstand wird rebellieren, doch bleib einfach bei dieser Annahme und komme ins Spüren.

Afformationen

Anspruch: *leicht*
Länge/Art: *Kurztrip*
Anforderung: *Experimentierfreude*
Ziel: *Lösungen/Weiterentwicklung*

Ja, ich weiß, ich habe schon in den einzelnen Abschnitten immer auch Fragen eingebunden, doch diese hier sind etwas Besonderes.

Vielleicht kennst du ja auch schon die sogenannten Afformationen. Dies sind Affirmationen in Frageform. Diese sind ungleich wirksamer, weil ungleich schneller, als wenn du dir nur eine Affirmation aufsagst.

Warum? Weil eine Affirmation meist im Gegensatz zu dem derzeitigen Zustand steht und es den allermeisten von uns schwerfällt, daran zu glauben. Wenn diese jedoch in die richtige Frageform gepackt wird, wird unser Unterbewusstsein darangehen, diesen angestrebten Zustand zu erreichen.

Beispiel: Inneren Frieden finden

16

Als Affirmation würdest du vielleicht folgende Sätze nehmen: „Ich bin in Ruhe und Frieden." „Innerer Frieden breitet sich immer mehr und mehr in mir aus."

Daraus machen wir jetzt eine Afformation: „Warum ist es so einfach für mich, in innerer Ruhe und im Frieden zu sein?" „Warum breitet sich innerer Frieden immer mehr und mehr in mir aus?"

Die Crux an dieser Methode ist, nicht mehr zu fragen nach dem Wie, sondern nach dem Warum! Hierdurch gibst du deinem Unbewussten einen ganz anderen Grund und Ansatz der Suchweise.

Du könntest diese Frageform z. B. auch bei dem Thema Dankbarkeit anwenden, denn vielleicht fällt es dir ja schwer, genügend Dinge zu finden, für die du dankbar bist bzw. mit denen du ein Gefühl der Dankbarkeit erzeugen kannst. Dann probier es doch mal mit der Frage: „Warum kann ich das Gefühl der Dankbarkeit spüren?"

Weltweiter Frieden ist ein großer Anspruch, und wenn man sich die aktuelle Lage anschaut kaum vorstellbar. Dies sollte uns jedoch nicht davon abhalten, unseren Teil dazu zu tun, indem wir in uns selbst Frieden schaffen. Dadurch senden wir eine andere Frequenz in die Welt hinaus und werden definitiv auch anders. Wenn wir alle eine übergeordnete Perspektive einnehmen und akzeptieren, dass es auch andere Wege zum Ziel gibt, dann gibt es Hoffnung.

Klar ist auch, dass das Sicherheitsbedürfnis des Einzelnen erkannt werden muss, um ihm die richtigen Angebote machen zu können bzw. ihm beizubringen, auch in der Veränderung noch Sicherheit zu verspüren.

Wir müssen wieder mehr ins Spüren der unbändigen Freude an der Veränderung kommen, die das Universum/das Leben durchzieht. Wenn du verstanden hast, dass es immer weitergeht, kannst du deine Angst vor Veränderung loslassen, in dem Wissen, dass Frieden kein statischer Zustand ist, sondern sehr dynamisch.

Vielleicht fragst du dich, welchen Trip bzw. welche Wege ich besonders empfehle, doch das Wissen darum würde dich aus meiner Sicht nicht weiterbringen. Hier möchte ich ein Zitat von dem Holocaust-Überlebenden und Gründer der Logotherapie Viktor E. Frankl nennen: „Zwei Menschen gleich behandeln heißt, mindestens einen falsch zu behandeln." In diesem Sinne nimm diese Wege als Hinweise, um deinen ganz eigenen Weg zu finden.

Das Wichtigste ist, dass du dich für einen Trip entscheidest (falls du es nicht schon getan hast) und praktisch loslegst.

Für einzelne Wege biete ich regelmäßige Gelegenheiten zum Üben. Falls du nicht in meiner Nähe bist, kann ich dir tolle Lachyoga-Gruppen und Umarmungsaktionen sowie Kuschelpartys in ganz Deutschland empfehlen. Es gibt von mir auch regelmäßige Gruppen zum Thema Rückführungen, die es dir ermöglichen werden, deinen Horizont zu erweitern. Sie machen dich viel gelassener und helfen dir, ein Urvertrauen in das Leben an sich aufzubauen.

Danke, dass du mich durch dieses Buch begleitet hast. Gerne höre ich von deinen für dich erfolgreichen Trips und freue mich über Rückmeldungen. Falls du jedoch immer noch ein Thema hast, bei welchem du Unterstützung benötigst, dann helfe ich dir gern persönlich. Nimm Kontakt über meine Homepage www.miracura.de mit mir auf oder geh auf die verschiedensten Therapeuten-Suchmaschinen und gib „Christof Arnold" ein.

In der Hoffnung auf mehr Frieden für dich und die Welt verbleibe ich

Christof Arnold

Trio Chrio

„Wir müssen wieder mehr
ins Spüren der unbändigen
Freude an der Veränderung
kommen, die das Universum,
das Leben durchzieht."

- **Anita Moorjani: Finde deinen Himmel auf Erden u. a.**

- **Brian L. Weiss: Seelenwege u. a.**

- **Michael Newton: Erinnerungen aus dem Zwischenreich u. a.**

- **Dr. Eben Alexander: Vermessung der Ewigkeit u. a.**

- **Robert A. Monroe: Der Mann mit den zwei Leben u. a.**

- **Jane Roberts: Gespräche mit Seth u. a.**

- **Colin C. Tipping: Ich vergebe: Der radikale Abschied vom Opferdasein u. a.**

- **Noah St. John: Afformations**

- **Ulrich Emil Duprée: Ho'oponopono**

- **Christof Arnold: Danke! Ein Übungsbuch**

- **Christof Arnold: Kopfsache**